사람의 풍경

김회권 시집

문학의전당 시인선
401

사람의 풍경

김회권 시집

문학의전당

시인의 말

더는 외면하거나 도망칠 수 없다.

세상 어디를 가든
너는 모든 걸 알며, 그 모든 것에 속한다.

다만 나는
아프지도, 쓰리지도 않게
결단하고 번뇌하고 전율하며 동참하는 거뿐,
그 외 할 수 있는 일이란 없다.

넌 이미 신에 가까운 시(詩)이니까.

2025년 11월
김회권

차례 시인의 말

제1부

뼈 없는 것은 아름답다 13
그림자 14
뱀 달리다 16
소나무 18
헛꿈 20
사람의 풍경 22
안개 24
지독한 소음 26
나무와 나무 사이 28
오징어 게임 30
겨울 자작나무 32
폐타이어 34
오래된 행복 36
죽음의 일터 38

제2부

사랑이 온다　41
인간의 섬　42
사라진 손　44
옆집 개　46
기막힌 대화　48
망치　50
웃음　52
마네킹　54
지금은 다만　56
비 온 뒤　58
너도밤나무 잎사귀 허옇게 지는 밤　60
거의 평범한 이야기　62
시를 놓치다　64
지렁이　66

제3부

돌멩이 삼킨 강물　69
마음　70
서시　72
빙폭　74
오일장　76
그리운 날엔　78
그 사람　80
배꽃　81
손에게　82
술 당기는 날　84
봄　86
지워진 입　88
봄날 오후　90
하루살이　92

제4부

홍시　95
가난한 부뚜막　96
젖떼기 아이를 등에 업고　98
지리산　100
경칩 즈음　101
연꽃　102
남녘 바다　104
그 사랑 나도 한번 해보고 싶다　106
단맛 떨어지는 날　108
부탁이야　110
독도　112
상실의 밤　114

해설 | 존재의 다양한 내적 원리와 풍경들　115
유인실(시인·문학평론가)

제1부

뼈 없는 것은 아름답다

본시 뼈 없는 것은 참 아름답다
산촌이든 조합된 도시든
춘삼월 고향마을에 내리는 눈발이라든지
먼바다 거품 무는 백색 파도라든지
봄비가 그렇고 꽃잎이 그렇고
가난한 농가 굴뚝에서의 저녁 짓는 연기며
단숨에 창 넘어가는 아기 웃음이 그렇고
하얀 구름 사이로 쏟아지는 햇살이며
바람에 우는 풍경 소리와
들창 틈으로 파고드는 뽀얀 달빛
한여름 밤에 피워올린 모닥불
바람의 호명에 따라 불려 다니는 조각구름이
어쩌면 제멋에 겨워 지순하게 웃어대는
거울 속 나와 닮기도 하여
내가 헤벌쭉 입 벌려 웃으면
이리 흥 저리 흥 따라 하는 저것을
과히 아름답다고 해야 하나
인정의 빛깔 물씬 뿜어내는 저 방글거리는 얼굴을

그림자

발아래 음영이 드리워져 있다
나를 그대로 베껴 바닥에 옮겨놓은 거다
어딜 가든 발끝에 떨어질 줄 모르고
이따금 사라졌다가 빛 속에 나타나
앞서거니 뒤서거니 각축을 벌인다
내가 달리면 함께 달리고
가다 멈추면 따라 멈춘다
내 몸에서 처연히 흘러나왔지만
어찌 먹물 같은 그의 표정을 읽을 수 없다
나 닮은 구석 하나 없고
늙수그레하니 그늘처럼 도드라진 것이
종일 말 한마디 없다
심심한 나보다 더 심심하다
종일 거리를 문대며 쓸고 다녀도
묻어난 흙먼지 한 톨 없고
물웅덩이에 빠져도 젖은 옷자락이 없다
길을 나설 때 그림자가
평시보다 날 앞장서는 것은

갈 길이 멀어 걸음을 재촉하는 거고
뒤에 느긋이 처져 따라오는 까닭은
바쁠 거 없이 쉬엄쉬엄 가자 함인데
실상은 어찌 가도 나란히 당도할 것을

뱀 달리다

한적한 국도로 운전할 때다
바로 몇 미터 앞
뱀 한 마리가 기어가고 있었다
나는 급제동에 비상등을 깜박였고
뱀도 놀란 듯 건너 풀숲을 향해 달린다
최단 거리로 죽을 둥 살 둥 달린다
긴 몸을 쭉쭉 뻗으며 달린다
좌우로 몸뚱이를 휘적이며 달린다
자르르 미끄러지듯 달린다
숨도 안 찬 듯 마구 달린다
부단히 처연히 달린다
아스팔트에 납작 배를 깔고 달린다
내디딜 발 하나 없이 유연히 달린다
맹렬히 전속력으로 끌어올려 달린다
먼지 한 톨 일으킴 없이 달린다
그사이 나는 가만있고, 바람만 오고 갔다
정녕 높으신 그분께서 이 광경을 보셨다면
훗날 나의 천국행에 참작의 사유가 되리라

참 오래간만에 느껴보는 뿌듯함,
뱀은 무사히 풀숲에 도착했고
나는 그제야 가만히 브레이크를 푼다

소나무

나무가 꽁꽁 묶여 트럭에 실려 간다
전에 저런 표정을 어디선가 본 적이 있다
어긋나버린 희망을 절감하는
허공 속의 눈,
그것은 소의 표정이었다
대체 저 나무는 무얼 잘못했을까
평생 어디 오가지 않고, 등 휘도록
한 곳에 뿌리 박혀
울울창창한 가지 위
산새들 반가이 불러 앉혔을 것을
인간의 편리와 집착과 지독한 탐욕에
고삐 잡힌 소처럼 끌려가는 나무
혹여 지난여름,
제 몸에서 먹물 짜내듯
차고 써늘한 것을
바닥 흥건히 쏟아냈던 그 탓인가
그도 아니면 오가다 지치고 더위 먹은 사람들
젖은 옷 눅눅해질 때까지

뜨건 공기 선선해질 때까지
잠시 쉬어가라 자리 내어준 그 때문인가
아무 죄명도 잘못도 없이 떠메어 가는 나무
돌아갈 둥지 잃은 새들
그게 너무도 서글펐을까
두 날갯죽지 애타게 쳐대며
먼지 이는 트럭 꽁무니 하염없이 뒤쫓는다

헛꿈

내게 이런 전례가 없었다
왜 이런지 모르겠다
익숙한 습관처럼, 오래된 버릇처럼
괜한 가슴 매만진다거나
머쓱하니 고개를 떨구고, 혹은
점 하나 없는 허공 멍하니 바라보며
뜻 모를 열망과 몽상에 잠기는
전과 다른 이례적인 행동

살고 살아지는 게 맘 같지 않아 그런가
남은 쉽게 이룩하는 것을 나는 어려워서,
아니면 아무리 벌어도
부자가 될 가망 없어 그러한가

이런 나를 위로하듯
생소한 느낌처럼 복권 한 장을 손에 쥐었다
그 뒤, 뜻하지 않게
광활하니 펼쳐지는 상상

구름 한 점, 새 한 마리 날지 않던 가슴이
풍선처럼 부푼다

이게 한갓 꿈인들 어쩌랴
내게 행복과 위안을 준다면
그래서 조금이나마 마음의 평화를 얻는다면
하지만 마음은 허기 같은 공허

생각만큼 삶은 그리 간단치 않아
요행으로 이룩되고 건설되는 게 아닌 것을
어서 날 흔들어 깨워야지
이제 더는 헛꿈에 놀아나지 않게
무료히 빈손만 바라보지 않게

사람의 풍경

사람의 얼굴에도 풍경이 있다
창밖의 들녘 같고, 한 폭의 그림 같은 풍경
오늘도 사내는 거리 한구석에 앉아
지나가다 들르는 사람들에게
사람의 풍경을 그려준다

햇살처럼 반짝였던 지난 아름다운 세월이며
꿈처럼 흘러가 버린 옛이야기
그 안에 숲속의 작은 새처럼 숨겨진
잔주름이며 옅은 웃음기
아무에게도 말 못 할 삶의 내력까지

사내는 한 손에 연필을
다른 한 손엔 지우개를 쥐고
가볍고 부드러운 터치로
수없이 바라보고, 그리고, 쳐다보고, 다듬는다

긴 세월이 조각조각 다듬고 빚어낸 얼굴

세세히 하나 놓침 없이
예리한 눈빛과 손놀림과 승화된 운치로
비릿하니 곰삭은 기억들은 깔끔히 지워버리고
쓰리고 아픈 시간은 여백으로 남기며

수없이 연필 선이 오르내려 담아낸
한 폭의 풍경,

드디어 사람 냄새 물씬 풍긴다

안개

항구는 온통 안개로 자욱했다
사방이 형체 없이 사라졌다
한 치 앞을 볼 수 없는 바다
딱정벌레처럼 꼼지락거리는 파도 위로
유령처럼 떠다니는 어선 몇 척
한순간 봉변당한 듯
경계의 눈빛들로 가득하다
고양이 꼬리처럼 치켜선 등대
고약한 의심의 뒷맛을 흘리고
한쪽이 비워지면 다른 한쪽에서 채워지는
항구는 이미 안개의 창고다
희끗희끗 내보이는 적요한 침묵만이
마치 바흐의 무반주처럼 잔잔히 퍼져나간다
끝없이 이어지는 생성과 소멸
윤곽을 허물고 배경을 감춘다
닥치는 대로 물어 삼키는 게 짐승 같다
낮은 포복으로 뿌연 화약 연기처럼 스멀스멀 기어와
항구 전 지역을 점령한 회색빛

그리고 얼마 후
한바탕 어지럽고 사납게 휘감더니
그 뒤, 거짓말처럼 사라졌다
바다 깊은 곳
수면 아래로 은밀히 숨어들었다는
소문만 무성히 번져나갈 뿐,
까딱하면 안개 속으로 사라질 항구였다

지독한 소음

조용하고 한적한 동네
과일 장사 트럭이 들어서며
고성능 스피커를 냅다 틀어댄다
일순간 온 동네가 들썩인다
난데없이 쏟아붓는 지독한 소음,
저것은 자비이며 평화가 없다
무엇과도 화합할 수 없고
선한 마음으로 들어줄 소리 아니다
오로지 불쾌와 짜증과 비정함만 가득하다
점점 넋을 빼놓기 시작한다
긴 골목길로 파고들며 이 집 저 집
담장이란 담장 뛰어넘어
곤히 자던 아이를 울려 깨운다
마치 머릿속에 개구리 서너 마리가 들어앉은 거 같고
뒷덜미가 잡힌 듯 옴짝달싹할 수 없다
때론 머리털을 쭈뼛쭈뼛 세우며
사람 속을 들들 볶는다
급기야 땅을 흔들고, 하늘을 찌른다

얼마나 더 지독한 소음을 참아야 할까
무언가 뜨거운 것이 슬슬 치밀어 오를 즈음
슬그머니 자리를 뜨는 소음
그제야 멀리 떠나 있던
고요와 침묵이
먹먹해진 두 귀를 후비며 돌아온다

나무와 나무 사이

나무와 나무 사이
간격이 없다면
숲은 얼마나 칙칙하고 컴컴할까

나무와 나무 사이
산새들의 속삭이는 소리 없다면
숲은 얼마나 외롭고 적막하리

나무와 나무 사이
흰 달빛 한 점 흘러들지 않는다면
숲은 또 얼마나 창백하고 밋밋한 밤을 맞으리

나무와 나무 사이
저 작은 오솔길이 없었다면
사랑하는 당신과 나, 어찌 만났을까

그런 당신과 나 사이
간격이 생기면

우리 그때, 그 푸른 숲 다시 걸어요

나무와 나무 사이
첫 마음 그대로
다정한 두 손을 꼬옥 잡고서

오징어 게임

인간 군상이라면 한 번쯤 해보았을
의자 뺏기
살아남으려면 처절히, 긴밀히, 재빨리
야수처럼 저돌적으로 달려들어야 한다
죽지 않으려면 기어코 의자를 뺏어야 한다
음악이 흘러나온다
피 맛을 본 사자처럼 몸을 낮춰
의자 주위를 맴돈다
언제든 튕겨 나갈 자세를 취한다
한순간 신호처럼 음악이 멈추자
사납고 무지막지한 포식자로 변한 사람들
일제히 의자를 향해 달려든다
서로 밀고 떨치며 먹잇감을 낚아채듯
의자로 파고든다
간발의 차이로 의자를 놓친 사람은
그렇게 죽어 쳐내진다
사람 수는 점점 줄어들고
또다시 지옥 불처럼 음악이 흐르고

굶주린 고양이처럼 의자 주위를 돈다
점점 눈빛은 독기인지 살기인지
뭐든 잡아 삼킬 듯 이글거리고
소름 돋는 이상한 숨소리가 간간이 들릴 뿐,
각자도생이다

겨울 자작나무

냉기 뻗친 황량한 벌판
한 여인이 조금은 외롭고
조금은 쓸쓸히
오도카니 서 있는 것을 보았네

누가 이런 날
반가운 손님처럼 찾아와
시린 손 맞잡아준다면
그것만으로 이 하루가 행복할 것 같은

그러나 내 가난한 마음에도
온종일 눈은 내려
찾아오는 이 없는 적막강산

그때 따뜻한 위로인 양
몇 줄기 햇살이
여인의 가냘픈 어깨 위로 내려오자

사슴의 눈을 한 아리따운 얼굴
그 하얗고 미끈한 살결

그건 가까이 아니 보고
또 어찌 봐도
이미 충분한 미인이었네

폐타이어

바닷가 한적한 곳에 버려진
폐타이어
그 안에 꽁꽁 갇혀버린 바닷게

바닷물이 차올랐을 땐
편안한 저의 집인 양 재미나게 즐겼으리
더할 수 없는 놀이터고 성(城)이며
숨기에도 퍽 좋은 최상의 은신처였으리

그러나 아무도 모르리, 그곳에 한번 갇히면
영영 빠져나올 수 없는
지독한 감옥이란 것을

갯가로 점점 밀려 나간 폐타이어
바닷물마저 모두 빠져나가고
도저히 올라탈 수도, 탈출할 수도 없는
둥근 타이어 안쪽

바닷게는 점점 줄어드는 먹잇감과
참아낼 수 없는 굶주림에 허덕이었을 것이다
급기야 서로 물고 뜯는
죽음이 주검을 통째로 삼켰으리라

죽어서야 겨우 혼령으로나 빠져나올
초열지옥보다 더 무서운
둥근 감옥, 폐타이어

오래된 행복

아버지는 평생 어부였다
한 번도 바다에서 몸 떼본 적 없다
요동치는 파도가 땅보다 더 편해
나룻배 한 척에 펼친 어망 하나로
성난 물결 평정하며
천 길 물속 꿰뚫는
뉘 따를 자 없는 바다의 고수였다
안개 자욱한 날도, 세찬 태풍의 노호(怒號)에도
중심축만 잡으면
삶의 원을 그릴 수 있다던 아버지
아까운 청춘 다 가져간 바다를
떠나기로 작정하면 미련도 없으시거늘
왜 끝내 놓지 못했을까
무엇이 그토록 질기게 삶을 끌어당겼을까
그 토해내고픈 삶 다시 지우고 쓸 문항이라면
천만번이고 다시 고쳐 쓰셨을 것을
아버지의 삶은 어찌 그리 난무하던가
끌어안지도, 내치지도 못할

지독한 외로움이었을까, 향수였을까
여윈 가슴팍 숯검정 되게 분탕질해도
정작 가슴에 박힌 못만은 어쩌지 못한 아버지
저물녘 몸을 이끌고
소금기 가득 밴 바닷가 후미진 골목
턱 낮은 집 문간에 들면
다정한 어머니는 아버지를 향해
토방 아래 박꽃처럼 맞아 서 있고
구들장에 배를 깔고 숙제하던 어린 나는
아버지가 가장 오래 거느렸다던 불빛 환한
행복 속으로,
그 뜨겁다는 가슴팍으로,
훨훨 부나비처럼 뛰어들었다네

죽음의 일터

생일을 바로 앞둔 날이었다
지하철 스크린도어를 수리하던 청년이 숨졌다
열차와 스크린도어 사이에 끼어 숨졌다
하청 직원으로 혼자 작업하다 숨졌다
큰 꿈을 이루지 못한 채 숨졌다
먹고살려고 일하다가 숨졌다
죽도록 일만 하다가 숨졌다
대책 없이 숨졌다
비정규직이란 이름으로 숨졌다
누군가 죽었던 그 자리에 숨졌다
늘어나는 죽음들을 절망하며 숨졌다
이다음엔 또 누가 죽을지,
그 두려움 속에 떨며 숨졌다

그 사이,
열차는 들어왔다가 다시 떠났다
죽음의 일터였다

제2부

사랑이 온다

너,
그냥 오는 게 아니었구나

속 깊은 알곡으로
토실토실 배어 오는구나

그 맺힘이
결실이

내 마음 질퍽한 녹음 골짝 되어
뻐꾸기 울음 울어 오는구나

인간의 섬

한 사내가 공원 벤치에 누워 있다
종일 퇴근 없는 거리를 떠돌다가
가닥가닥 엉겨 붙은 머리칼
귓바퀴와 뒷목을 이불처럼 덮고
지친 몸을 낙엽처럼 눕힌다
예전으로 돌아가기엔 너무 멀리 왔다는 건가
너무 멀리 와 돌아갈 길 잃었다는 것인가
한때는 극적이고 가슴 뛰는
무대의 주인공을 꿈꾸느라
소중한 것들을 놓치며 살았으리라
영원한 정착이 없듯
떠남도 영원한 것은 아니지만*
미래라는 게 예견될 수 있는 거라면
사내의 삶은 얼마나 변모되었으랴
인생 또한 다른 것일 수 있지 않았으랴
모든 게 다 잘될 필요는 없다
본래의 자리로 돌아갈 수 있다면……
그러나 함부로 살아온 잘못에

더는 미래로 나아가지 못하는 현실,
사내는 지도에 없고
좌표에도 잡히지 않는 절해고도,
인간의 섬이 되어
둥둥 떠 있다

＊박경리 『토지』에서 인용.

사라진 손

일순간 사내는 손목을 놓쳐버렸다
제조공장의 벨트가 딸꾹 삼켜버린 거다
이마에 흐른 땀을 닦아냈던 손이다
동료의 시린 가슴을 안아주었던 손이다
기쁠 때 손뼉 치고
슬플 때 눈물 훔친 손이다
사랑하는 이와 미래를 약속하며
두 손 모아 간절히 기도했던 손이다
추운 날엔 따스히 입김 불어 넣고
불의엔 불끈 주먹 쥐었던 손이다
그런 귀하고 엄한 손이 사라졌다
사내는 모형의 손을 끼고 다닌다
어찌 보아도 내 몸 같지 않은 손
주머니에 찔러 넣기가 힘든 손
진짜보다 더 진짜 같은 손
온기도 감각도 없는 손
딱딱하니 굳은 손
참 애련한 손

외로운 손
제2의 손
짝퉁 손
헛손

옆집 개

개 한 마리 마당 가 말뚝에 매여 있다
벌써 반나절 채 빙빙 돈다
연자방아 맷돌 돌리듯 돈다
한 방향으로 줄기차게 돈다
심심해 죽겠다는 듯 돈다
돌지 않곤 못 배기겠다는 듯 돈다
뒷발이 앞발을 애써 쫓으며 돈다
축 처진 젖통을 출렁이며 돈다
긴 그림자 질질 끌며 돈다
말뚝을 원의 중심으로 돈다
원은 둘레를 지녀야 한다는 듯 돈다
중심과 외심을 팽팽히 당기는 목줄
원의 바깥으로 튕겨 나가려는 힘
개는 지금 속박으로부터 도피
자유로운 탈선의 욕구를 꿈꾸는 거다
돌면 돌수록 단단해지는 동그라미
점점 맥은 빠지고
하늘은 노래지고

제가 그려놓은 동그란 성벽에 갇혀
순한 양처럼 점점 길들어지는
옆집 개

기막힌 대화

따사로이 봄볕 내리는 공원 벤치
노인의 통화를 우연히 엿들었다
상대는 맑고 쾌활한 젊은 여성인 듯싶다
여자는 이것저것 안부를 묻고
노인은 그때마다 신음처럼 내뱉는 말

어-엉,

내 귀를 의심할 정도의 외마디
당최 무슨 뜻인지 모를
도무지 알아들을 수도 없는
똑같은 소리로 되풀이다

어-엉,

마치 몸속 깊은 곳에서
일그러진 입술로 가까스로 끄집어내는
언어를 지닌 인간에겐

고개가 꺄우뚱거리는 쇠갈음 소리다

어-엉,

다시 들어도 해독할 수 없는 말
한데 상대는 어찌 이해할까
혹 둘만이 통하는 암호가 있는 걸까
안 그러고서야 저리 오래 통화를 한단 말인가

오, 그렇구나
두 사람이 부녀지간인 것을 몰랐구나
천륜으로 맺은 한 핏줄,
숨소리만으로 통하는 가족인 것을

망치

몸에 망치를 품고 산다
오래된 습관처럼 익숙하다
힘줄 돋게 내리치는
한 자도 아니 될 불멸의 망치
그 망치 의향 없이 손등에 박혀
눈물이 되고, 상처가 되는
무장 섬뜩하니 오금이 저리나
손 떠난 적 한번 없다
오늘도 신분 상승과 탈태를 꿈꾸며
가벼운 세상 너만은 흔들리지 말라,
불끈 잡아 쥔 망치
차라리 변방의 숲속에 날아든 새들마냥
진종일 입 벌려 노래할 수 있다면,
아예 말은 못 해도
인정의 빛깔로 피고 지는
무명의 들꽃이었으면,
반갑지 않은 삼월의 싸락눈은 나리고
바람막이 벽 하나 세우지 못한 헐거운 세월

생애 가장 빛났던 날을 떠올리며
두들겨 맞을수록 더 깊고 굳세어지는
내 상처,
세상 바닥 위에 꼿꼿이 세워
최후의 일격을 가한다

웃음

장터 국밥집 진열대 위
돼지머리가 웃고 있다
펄펄 끓은 쇠솥에서 금방 나왔으면서 웃고 있다
생을 송두리째 떠나보내고 웃고 있다
달랑 머리통만 남아 웃고 있다
떠난 혼령을 위로하듯 웃고 있다
입만 펄펄 살아 웃고 있다
서글픈 죽음을 감추고 웃고 있다
어쩔 수 없는 설움에 아프도록 웃고 있다
제 아픈 슬픔을 달래려 웃고 있다
순진무구한 아이처럼 웃고 있다
참을 수 없이 가볍게 웃고 있다
소리 없는 큰 웃음으로 웃고 있다
제 웃음소리에 홀려 웃고 있다
볼때기가 썰어져 나가도 웃고 있다
통증 하나 없이 웃고 있다
아니 웃곤 못 배긴다는 듯 웃고 있다
입아귀가 찢어지게 웃고 있다

날 퍼런 칼날 앞에 살 떨림 없이 웃고 있다
내일이나 모레, 시산제며 굿판에 올라
복 돈 두둑하니 입에 물고
넙죽넙죽 큰절 받을 돼지머리가

마네킹

의류 매장이 끝나고 조명이 꺼지면
마네킹들은 하나둘 꿈틀거리며 살아 움직인다
몰래 매장을 빠져나온 마네킹
휘황한 밤거리를 활보한다
웃음기 없는 표정과 딱딱한 얼굴
인간미란 어디도 없다
한 틀의 모형에서 똑같이 박아낸 듯
서로의 생김새가 엇비슷하다
본시 인간을 교묘히 빼닮은지라
추리고 가려내기란 거의 불가능
카페 식당 영화관 클럽 어디든
사람들 속에 섞여 다녀도 모른다
인간이 조물로 빚어낸 속 빈 마네킹
입고 다니는 패션 감각이 뛰어나
늘 유행을 창조하고 복고풍을 일으킨다
밤새도록 시내 거리를 싸돌다가
어둑새벽 매장으로 몰래 들어와도
당최 이들의 행적을 아는 이 없다

옷소매가 약간 구겨졌다거나
놓인 위치가 살짝 틀어졌을 뿐,
곳곳의 감시 카메라조차
흐릿한 배경에 결정적 단서는 없어
끝내 영구 미제로 귀결된다

지금은 다만

우리 살면서
뜻 아니게 빗금 치며 살아온 날 몇인가
생의 한순간 한 토막
잔주름 아니 배이던 날 있던가

삶이 모질고 추해도
허망한 꿈의 처량한 길목에 서성일 일 아니다
토해지는 한숨에 세상 각박해도
속 깎이는 아픔 없고
어찌 인생이랴, 세상살이랴

보아라, 범람의 저 강물
뒤엉킨 외침 차고 넘쳐도
면면한 바다에 끝끝내 들어서지 않던가
그 바다 가없이 폭풍 일어도
속내의 태산 어디 흔들이던가

어느 날 비련의 칼날에 열망 찢기고

마음속 심지 까맣게 돋아
삶의 서문마다 슬픈 행적 새길지라도
세상의 꽃이란 꽃은
제 상처로 피고
석양녘 황금빛 제 멍으로 물드는 거

우리 지금은 다만
때아닌 여우비 부슬부슬 내리는
어느 정오, 그 한때라 치자

비 온 뒤

여름 한낮 숲속에 들었다
난데없는 먹구름이 까맣게 뒤덮였다
이윽고 비 내리고
번개와 천둥소리 잇달아 연달아 들려왔다

별안간 쏟아지는 소낙비
놀란 산새들은 더 깊은 숲속으로 파고들고
만개한 꽃들은 바위 밑에 몸을 숙이고
나 홀로 본연을 잊고 우왕좌왕

빗줄기는 점점 굵어지고
시야는 좁혀오고
비 뿌릴 하늘은 점차 넓어졌다

그러다 거칠었던 빗줄기 거짓말처럼
뚝 끊기고
하늘은 되게 열리고
옷고름 같은 무지개가 먼 산허리에 걸린

바로 그때 알았다

비 온 뒤 찾아온 고요한 침묵이
내 삶의 부피와 중량보다 얼마나 크고 견고한지
얼마나 묵중하고 중후한지

처절히, 온몸으로, 흠뻑 비를 맞고야
명징하게 깨달았네
삶의 이력으론 터득 못 할
심오한 이치를

너도밤나무 잎사귀 허옇게 지는 밤

너도밤나무 잎사귀 허옇게 지는 밤
분향은 홀연히 머리를 풀고
촛농은 가녀린 달그림자에 누워 있습니다

지금 생각해도 당신,
드러냄을 갖고 오라 하지 않았습니다
소박한 잔칫상에 초대받는 가벼운 발걸음이나
군불 지핀 쌀 익은 내음으로
고소하니 익어 오라 하셨습니다

그런 당신에게로 찾아들면
내 마음은 온통 창창한 대숲이 들려주는
소슬한 바람 소리 일고
청아한 하늘 휘감는 휘파람새 날갯짓 오릅니다

지금 생각해도 당신,
종잇장처럼 가볍지 않았습니다
물먹은 솜처럼 무겁게 내려앉지도 않습니다

오로지 따뜻한 부피만 고이 간직할 뿐,

그런 당신 없고
산봉우리 위에 걸린 보름달
눈이 퉁퉁 붓도록 울고 있는
너도밤나무 잎사귀 허옇게 지는 밤입니다

거의 평범한 이야기

택시에 오르자
운전기사가 낯설지 않았다
어디서 봤을까, 그 생각을 하기까지
시간이란 게 그리 필요치 않다
숯검정을 발라놓은 듯 까무잡잡한 피부
임꺽정 닮은 숱 많은 눈썹
붉고 큼지막한 주먹코에 어눌한 억양
그는 나의 고향 사람이었다
순간 가슴이 철렁했다, 지난날 나의 잘못이
죄스럽게 떠올랐기 때문이다
내 어릴 적 그분을
〈먹코〉라 부르며 심히 놀려댔지 않았던가
그리 흉 되게 놀리고 조롱해도
그는 화낼 줄을 몰랐다
계산속으로 속여도 그러려니 했다
그저 우직스럽게 똥장군을 짊어지고
이 집 저 집을 나다녔다
그는 나이 사십이 훌쩍 넘었는데도 장가들지 못했다

농사지을 밭뙈기 땅뙈기 하나 없고
냄새 풀풀 풍기는 그에게 시집올 처자가 어디 있겠는가
그런 자신을 한탄하듯 낮이면 논두렁에 코를 박고
밤이면 까맣게 탄 가슴에 말술을 들이붓곤 했다
그분을 다시 만나자 지난 잘못들이 가시가 되어
사정없이 가슴을 찔러댔다
무어라 말을 못 하고, 차에서 내린 하늘엔
노을이 붉게 지피고 있었다
이제 그분은 〈먹코〉가 아니다
내 좁다란 가슴속,
환한 횃불로 찾아드신 참으로 멋진 노신사다

시를 놓치다

오랜만에 마주한 친구들과 술자리를 했다
몇 순배 술잔이 돌고
취기 오르고
흥이 막 무르익을 무렵
뭔가가 내 감성의 촉수를 톡 건드렸다
뜻밖의 일이었다
전혀 예상치 못한 거였다
순간 얼굴이 화끈거리고, 가슴이 사슴처럼 뛰었다
예삿일이 아니었다
일생일대 한번 올까 말까 할 것이었다
팔딱팔딱 뛰는 그놈을 단번에 낚아챘다
생각보다 굵고 묵직한 대물이었다
손으로 가늠할 수 없고
잣대로도 잴 수 없는 무지막지한 거였다
아깝지 않게 술값 먼저 치르고
곧장 집으로 달려왔다
꽃처럼 품은 그것을 가만히 열어봤다
한데 없다, 온데간데없이 사라졌다

아무리 머릴 쥐어짜도 없고
생각을 되살려도 떠오르지 않는다
대체 어디로 간 것일까 어디에서 흘렸을까
나는 그날 밤,
너무 애통해 잠 한숨을 이루지 못했다
놓친 시(詩), 그 대물 때문에

지렁이

소낙비 그친 여름 한낮
젖은 흙바닥에 찍힌
마지막 생(生)의 흔적

온몸 밀며 끌며
간절히, 쓰리게, 필사로 쓴
유작(遺作)

그 끄트머리

앙상히, 처참히, 말라붙은
붓 한 자루

한 생명이 향기롭게 지누나

제3부

돌멩이 삼킨 강물

웃물이 화급히 흘려보낸 돌을
아랫물이 선한 손길로 어루만진다
예전 뒤틀린 심사에
세상을 향해 무수히 내던진 돌멩이다
각지고 모난 상처 덩어리다
속 깊은 강물이 흔연히 받아준 것이다
오롯이 강과 마주 서야 안다
우린 왜 강물처럼 출렁이어야 하는가
출렁이지 않곤 세상 속 들어갈 수 없는가
제 아픈 무게로 강바닥에 누운 돌멩이는 알리라
상처를 안고 세상과 섞이는 것은
돌멩이 삼킨 강물처럼 시퍼러니 멍드는 거라고
오늘도 강물은 상처 입은 뜨건 돌멩이
행여 누가 집어 화상 입을까
아파, 아파라 할까
쉼 없이 출렁이며 식히는 것을
사람들은 그 상처에 무시로 돌팔매질한다

마음

마음이여,
널 일찍이 무어라 부르지 못했다
먼 타관의 낯선 손님 같고
잊기도 전 헤어진 정부(情婦) 같다
한땐 너로 하여 가슴 뛰는 날 많았고
세상은 매양 봄날이었다
그런 꿈 같은 날 저물고
너는 조금씩 배반과 불신을 꿈꾸었다
그 공모의 눈짓은 늘 뒤에서 왔다
계절은 가고, 세월은 흐르고
나는 조금씩 늙어갔다
그 와중에도 넌
내 안에 있으면서 나의 것 아니었다
남보다 못한 부실한 놈이었다
너와의 투쟁은 그칠 날 없었고
더러 눈물지은 날도 많았다
그런 날은 여지없이 내가 미웠다
이제 와 때늦은 후회로 한탄한다는 건

더할 수 없이 불경스러운 일이겠으나
이젠 널 내려놓으마
내 안에 있어 너무 무거운
표리부동한 마음이여,

서시

내 안에 없는 거
그것은 나를 흥분시키지 못한다
감동도 일으키지 않는다
나는 지금 시를 쓰는 게 아닌 시인이고 싶다
시인처럼 생각하고 걷고 마시고
아주 천천히 내 안의 나를 바라보는 것이다
내가 나를 바라보는 눈
그것만으로 나는,
충분히 존재할 가치가 있지 않은가
조금 더 성장한 거 아니겠는가
인생이라는 이 놀라운 연극은 계속될 것이다
그리고 나는,
한 편의 장시(長詩)로 당당히 참여하는 거다
진실의 흑막이 철저히 가려진 꽃에 대해
새롭게 번역해 나갈 암호와 부호에 대해
쓰일 모 없이 사라진 분노에 대해
종잇장처럼 가벼운 이 세상에 대해
끝없이 경악하고 전율하는 것이다

아직도 그런대로
내 안에 선명히 살아 꿈틀거리는 것들을 위하여

빙폭

참으로 기골이 장대하다

공포와 살 떨림 다 흘려보내고
한바탕 큰 웃음 삼키고
수직의 빙벽,
절대 고요로 투명하니 얼어붙은
저 물의 뼈를 보아라

한여름 내내
천 길 벼랑으로 꼿꼿이 서서
큰 산을 흔들어
가없이, 끝도 없이, 쏟아냈을 물줄기였으리라
골 깊게 처렁처렁 울렸으리라

참으로 절묘한 것은
견디기 어려울 만큼의 가장 힘든 자세로
제 몸에 수천수백 얼음송곳 종유석처럼 매달고
낮은 바닥을 향해

제 살을 찌른다는 거

조금씩, 강렬히,
피 한 방울 흘림 없이

오일장

세상 온갖 구경 중 재미로 따지자면
장 구경만 한 게 있으랴
닷새에 한 번씩 들어서는 오일장
전국 각지에서 몰려든 도붓장수와
동네방네 쏟아져 나온 사람들
말 그대로 북새통이고
어느 한 곳 발 디딜 곳 없이 빼곡하다

장날이 아니고선 쉽사리 건지지 못할
옛 향수와 풍경
세월의 빛바램 없이 낱낱하고
딱히 무엇 사지 않아도
사방 눈요기할 것들 많아
발 아픈지 모른다

장 모퉁이 가판대 하나 없는 곳
질긴 목숨을 이어가는 사람들
노점상이 바로 그들의 이름이었으니

비록 삶의 애환 구차해도
꽃처럼 웃다가 주름진 얼굴 아닌가

돼지 여물통처럼 시끌벅적한 오일장
바쁠수록 여유롭고 급할수록 느긋함에 익숙해
손놀림은 그저 여유작작,
손님과 맞댄 얼굴은 구김 없고 화평하다

사람 반 물건 반 옴나위 못해도
조금씩 몸 틀어 비켜 가면 그만이고
실례하면 눈인사로 웃고 가는
장을 마치고 돌아서는 발걸음마다
먼지 한 톨 세움 없다

그리운 날엔

봄은 왔는데
이 서러운 봄은 또 찾아왔는데
이리 가뭇없이 바람 불어 그리운 날엔

진달래 한 아름 화병에 꽂습니다
그대 대하듯 마주한 사나흘,
그 곱던 꽃들은
천지간 의지가지없이 지겠으니

내 설움에 찬 공허한 날도
세월 가면 아문 듯 꿰매어 사라지려나
사라져 꿈에 배인 향기마저 지워지려나

우리가 알았던 모든 괴로움과 슬픔
참을 수 없이 아득해도
한땐 사랑했고
또 한때는 애잔했으니

저문 창가에 어느 별 하나 기웃하거든
잊지는 마오
눈물의 깊이만큼 사랑하고
아픔의 거리만큼 우리 헤어졌지만

그리운 날엔 그리운 것들마다
묶어두었던 옛 서랍 속 편지처럼
이 서늘한 가슴 뒤편
쓸쓸히 찾아든다는 것을

그 사람

지금 눈 내려
눈은 푹푹 내려
그 사람, 그리워지면

눈덩이를 구르자

생각난 대로
생각난 만큼
이목구비 오목조목 붙이고
시린 손엔 빠알간 장갑도 끼우고

그 사람 닮은 도톰한 입술에
녹아나지 않게 입맞춤하자

지금 눈 내려
눈은 푹푹 내려
그 사람, 그리워지면

배꽃

아유, 망측해라

달빛 환한 밤
싸라기눈같이 뽀얗고 하얗게
물오른 속살로

흰 나비 떼인 양
교교한 달빛 베어 물고
배밭에 뒹구는
저 허연 것들 좀 보소

황홀한 실경에 이내 맘도
덩달아 울렁울렁 달궈지는
차마 눈 뜨고 못 볼
하얀 정사(情事)

중천에 뜨던 달도 하마 녹아나겠다

손에게

손,

내 몸에 달린 지체라고
함부로 나부대지 말라

불끈 주먹 쥔 손으로 가슴 내리치면
그건 통곡이다
아픔이고 절망이다
어찌 감힐지 모를 어둠이다

한 손 들어 흔들지 말라
이별이다
쓸쓸한 들판이다
떨칠 수 없는 고독의 그림자다

힘없이 두 손을 떨구지 말라
그건 항변할 수 없는 포기다
무너짐이다

치욕스러운 항복이다

그러니 손과 손 마주쳐 부딪쳐라
탄성과 뒤엉킨 외침으로
뛰는 감동과 전율로
내 처음 나에게 아낌없이 보냈던
그 뜨거운 격려의 박수처럼

술 당기는 날

햇볕이 쨍쨍 내리쬐는 오후
짐 자전거가 술통을 싣고 논둑길로 달린다
가쁜 숨 몰아쉬며 달린다
바짓가랑이에 흙먼지가 올라타게 달린다
궁둥이를 삐뚤빼뚤 들썩이며 달린다
페달 밟은 발바닥이 불나게 달린다
구르는 장딴지가 아파 터지도록 달린다
흙바닥에 긴 그림자를 질질 끌며 달린다
맞바람 속을 뚫고 달린다
바큇살에 휘감긴 햇살이 찢어지게 달린다
달리고 달려 쇠똥을 피하고
자갈돌을 피하고
풀꽃을 피하고
웅덩이를 피하고
베짱이와 여치를 피하고
냉이와 달래를 피하고
그러다 그만 솟은 돌부리에 치여
엉덩이가 들썩이고

술통이 튀고
술이 콸콸 넘치고
술 내음이 확 퍼지자
지나는 황소가 코를 벌룽대고
풀 뜯던 염소가 입을 쩝쩝거리고
논두렁의 긴 뱀이 혀를 늘름거리고
두꺼비가 넙적거리며 입맛 다시는
기막히게 술 당기는 날이다

봄

너는
태초의 목멤이 아니었구나

길이 막혀 못 오시나?
길을 잃어 헤매시나?
시간의 벽을 넘고도 오지 않고
저린 가슴 숯검정 되어도 오지 않더니

산 넘고 강 건너
길 없는 곳 길 되어 오고
꽃 없는 곳 꽃으로 오는구나!

고백도 없이 떠난
내 사랑도
하마 너처럼 찾아든다면
그리한다면

드는 길목 길목마다

천지간 흔한 잡풀로 뉘어서라도
한 눈 없이 맞고픈대

이 몹쓸 내 사랑은
영영 봄을 여위었나 보다

지워진 입

여인은 끝내 입을 지워버렸다
땅을 치며 대성통곡을 한 뒤였다

새끼 원숭이를 잃은 어미 원숭이의 내장을 갈라 보니
너무나 애통한 나머지
창자가 토막토막 끊어져 있었다는 어느 고사처럼

한순간 자식을 잃은 여인
깊은 슬픔과 도탄에
살을 도려내고 뼈를 깎는 듯한 고통
어찌 참아냈을까

세상 두 쪽 나도, 만나고 싶어도
만날 수 없는 참척의 아픔
생때같은 자식을 잃은 자책과 절망감
여인은 긴 통곡 끝에
침묵보다 더 깊은 입을 지워버렸다

이젠 말하고 먹는 입이란 게
더는 필요 없다는 듯

봄날 오후

춘삼월 봄볕에 잔설 녹아내리듯
내 안에 욕심 든 거라면
무엇 하나 손에 쥐려 애쓰지 말아야지

조금은 독하지 못한 양심과
더럽혀진 상처 말끔히 씻고
허물 많고 후미진 노방에 서성이지 말며
누군가의 사래 긴 밭에
눈도 흘기지 말아야지

마음으론 멀리 갈 길을 가면서
몸은 제자리에 머무는
무변광야에 서 있는 어느 시인처럼
쓸쓸한 고귀함과
우아한 침묵으로
간단없이 희망을 꿈꿔야지

살구꽃

툭툭

터지는

이 나른한 봄날 오후,
볕 잘 드는 마룻바닥에 누워
봄잠에도 푸욱 빠져야지

하루살이

하루살이가 가로등 불빛 아래 떼로 몰려든다
불의 공포를 탐닉하려는 것인가
뜨거운 불맛을 보려는 건가
장외 집회에 동원된 군중처럼
무리 지어, 떼 지어
미친 듯이 가로등 들이받으며 달려든다
지나는 차량 불빛에도 무작정 뛰어든다
저런 기세라면 어느 불 속인들 환호작약하지 않겠나
하룻밤 사이 어찌 될지 모를
세월이라 하긴 너무 짧고
기껏 살아야 단 며칠인 수명,
제 목숨 부지하기도 차마 힘든 것을
못 죽어서 안달이 난 듯
떼로 출몰하여 불을 쫓는 하루살이
저 가로등도 수명이 다 된 것일까
눈꺼풀도 없이 껌벅껌벅,
눈을 떴다 감았다 한다

제4부

홍시

고란사 뒤곁 늙은 감나무
늦가을 볕 받아
까치밥으로 귀히 남겨놓은
홍시 몇 알

달도 별도 없는 으슥한 밤
긴 간짓대 메고
발소리를 죽이며 나타난 동자승

이튿날 이른 시각,
황망한 소식에 황급히 내달려온
어린 산까치

고란사 떠메가듯
고래고래 악쓰며 울어 젖힌다

가난한 부뚜막

싸리문 밖 눈발 몰아치던 밤이었지요
왜바람은 종일 문풍지를 잡아 흔들고
어머니는 천장 시꺼먼 부뚜막 아궁이에 쪼그려 앉아
가마솥 외곽에 보리쌀을 안치고
그 가운데에 살포시
쌀 한 줌을 꽃처럼 올려놓으셨지요
그때 담장 너머
눈 뭉치 구르는 소리와
후드득 잔가지 부러지는 소리에
놀란 가슴 쓸어내릴 적
재 너머 제재소에 가신 아버지
길이 막혀 못 오시나
연방 눈은 내려 쌓이고
그 쌓인 눈발 속에 어머니는
아궁이에 타든 솔가리들을 부지깽이로 들쑤시면
구들장을 핥아내던 시뻘건 불의 혀
뿌연 잿가루를 내뿜어
어머니의 가는 목에선 매운 기침 토해졌지요

이윽고 타다닥 솔가지 타드는 소리와
밥 익은 내음이 눈발에 섞여
화롯불 이는 방 안으로 스멀스멀 기어 오면
어린 나는 부엌 쪽문에 귀를 모아
가마솥 덜컹대는 소리에 요동치는 배를 달래었던
그 가난한 부뚜막

지금은 누가
그곳에 군불 지피며 살고 있을까
주린 배 움켜쥐고 밥상 기다리는
나 닮은 아이도 있을까

젖떼기 아이를 등에 업고

비는 조용히, 그리고 부드럽게 내리고 있었다
퇴근 차에서 내리니
갓난아이의 애처로운 울음소리가 들렸다
골목 처마 끝
젖떼기 어린아이를 등에 업고
손수레 가득 수박을 펼치고 있는 젊은 아낙
아니, 누가 이런 날 수박을 산다고
비는 점점 굵어
사정없이 머리 위에 둥지를 트는데
지나는 사람들마저 종종걸음치는데
비에 젖은 머리칼을 쓸어 올리며
울어 보채는 아이를 어르는 아낙
불현듯 이 세상 어머니들이
추적추적 내리는 빗속을 뚫고
삶의 뒤안길에서 부스스 걸어 나오신다
그래, 어쩌면 저 수박들
올여름 땡볕 아래서 거둔 귀한 작물일 것이고
배고픈 식솔들의 귀하디귀한

밥일 거란 생각,

나 모를 발걸음이

어느새 아낙에게로 향해 있었다

지리산

지리산 아래 기슭을 느긋이 오를 때였다
처음엔 바람이려니 했다
무심한 바람이 댓잎 머리채 잡고 마구 흔드나 했다
가만히 귀 기울이자 바람이려니 했던 게
대나무 가장 아랫마디가 바로 윗마디에
너와 나, 한 뿌리에서 나와
한 통으로 높고 푸르게 뻗어 자랐으니
부러질지언정 꺾이지 말고
꺾였거든 죽창은 되지 말자, 이르자
이 말을 받은 마디가 또 윗마디에
티끌보다 가볍고 분망한 이 세상
지조와 절개를 잊지 말고,
죽어서도 퉁소 되어 풍월 읊자며
서로의 푸른 등짝 명철히 내리치는
지리산 대숲의 장엄한 결의식이었던 것을
장터목 지나 천왕봉에 이르러서야
춘경을 즐기는 산꾼들의 대화
가까스로 겨우 얻어들어 알았네

경칩 즈음

세월 가고 나 언제쯤 가늠할까
태양에 따뜻해진 맨 가장자리,
꽃잎이 뻗치는 공간의 넓이와
구름을 쪼개고 나오는 천둥의 깊이를

연꽃

못에 연꽃이 활짝 피었네
시궁 속에 뿌리를 박고
둥글고 좀 넓게
희고 단려한 얼굴로, 청초한 빛깔로
한 척의 돛단배처럼 교교히 떠서
저리 하얀 미소 머금을까

깊은 생각에 잠긴 듯
무슨 대단한 결심이라도 한 듯
외틀어진 한 잎을
물 위 다소곳이 얹히고
초연히 서 있는 연꽃이여

마른 대지에 뿌리내린 이 몸은
어느 세월에
먼지 이는 이 가벼운 세상 훌훌 떨고
저 하얀 속살처럼 물들려나
물들어 이 마음

꽃 같은 향기 지피려나

살아도 살아도
속된 삶이여

남녘 바다

남녘 바다
그 끝 섬에 갔었네

한 그루의 나무가
영영 숲 그늘로 날아가 버린
한 마리 새를 그리워하듯

포구는
더 이상 비워낼 것 없는
거룻배 한 척 거머쥔 채
잠들지 못하고

면면한 바다 위
누군가 일찍이 그어놓은
미지의 수평선

차마 지우지 못한
그 한 사람

물너울처럼 일렁이고 있었네

사랑도 이별도 다 사람이 하는지라
어디쯤 가다 참을 수 없이 가라앉는다는 거
미처 예상 못 한 것은 아니지만
파도, 저 흰 파도마저 끝내 돌아앉은

남녘 바다
그 끝 섬에 갔었네

그 사랑 나도 한번 해보고 싶다

저 옅은 강이
한없이 높은 산을
품고 흐르네

봐요,
봐요,
저것 좀 봐요
물속에 든 저 산을

덩치 큰 저것
업기도 힘겨울 텐데
이파리 한 잎 아니 놓고
유유히 흐르는 것을

그 사랑 나도 한번 해보고 싶다

아무리 요동쳐도 손 아니 놓고
한 생애 끝 간 데 없이

유유히 흐르는

저 은빛 강물 같은 사랑을

단맛 떨어지는 날
— 현태에게

이보게,
노곤한 세상살이에 단맛 떨어지거든
송정서초등학교 옆 꾸이마당에 들어
내 집인 양 들어앉아 노닥여 보세

시끄러운 속내
한 사발 탁주로 씻어내고
된장 바른 풋고추 와그작 씹으며
진한 웃음 한 다발
실없이 창밖으로 내던져 보는 거야

그러면 인심 좋은 주인장
세상 오만 것이 다 널린 송정 장바닥에서
금방 잡아 올린 싱싱한 푸념과 넋두리
매콤하니 초장을 쳐
맛깔스레 한 상 내놓을 터

그때 나 같은 말캉한 사람 곁에 불러

농 틀 만큼 함께 너나들이하다가
즐겨 신나락도 까먹다가
서로 뱃속 좋게 출렁이는 거야

세상은 그렇게 출렁이며 사는 거라고
출렁이어야 누름돌에 아니 깔린다고
씨알도 없는 넋두리 뚝 뱉어내고
몇 순배 도는 술잔에
때 절고 빛바랜 옛사랑 이야기나
상다리 부러지게 너부죽이 게워 내면

뱃속은 마치
단방약 먹은 빈속마냥 너부데데할 거야
마침맞게 선술집에 잘 왔다고
낄낄대며 고갤 까닥일 거야

부탁이야

부탁할게

날 함부로 해석하려 들지 마
얄팍한 너의 언어로 정의 내리지도 마
존재에 대한 수치심,
그게 얼마나 큰 상처인 것을

넌 한 번이라도
내 마음속에 들어갔다가 나와 봤니
침묵의 소리
귀담아들어 본 적 있니

나에게 말해봐
너에게도 오랫동안 말 못 할 무엇 있잖니
가슴 깊이 묻어둔
차고 쓸쓸한 그 이야기,
이젠 내가 들어줄게

그러니 그때는 몰랐던 일들,
마냥 스치듯 느끼곤 했지만 이내 잊어버렸던
숨은 나의 이야기
설령 온전히 이해 못 해도
그 빛나는 눈빛으로
한 번만이라도 고개 끄덕여 줘

부탁이야

독도

맑은 동해바다
평화로운 우리 섬, 독도
사위는 온통 고요한 침묵
이따금 등대 불빛 끔벅이고
밤은 괴괴하다
생소한 느낌처럼 바다 한복판 삐죽이 솟아
세상의 소란 따위 근접 못 할 허허바다
멀리 뱃길 찾아드는 어선을 향해
어둠 먼 곳을 향해
더할 수 없는 광채로
난해한 뱃길의 향방을 쫓는
저 무안한 눈빛을 보아라!
반은 감았나, 떴나
삼월의 동백꽃마냥 치뜨고
기나긴 파도 소리에 귀를 씻는
우리나라 최동단 독도,
얼마나 많은 이야기가 이곳에 쌓였다가
또 파도에 밀려났을까

다시 이곳 오기까지 얼마나 걸릴까
무애의 바다 멀찍이 홀로 떨어져
안개처럼 졸고 있는 밤바다
분수처럼 불빛 쏟아내며 잠잠히 깨울 때
달은 변모한 아름다움으로
무안히 떠 있고
구름은 어둠 속 처연히 걸어 나와
교교한 달빛 속에 스민다

상실의 밤

밤 소리는 작아도 크게 멀리까지 간다
한밤에 개가 짖는다
전에 없이 우람차게
낯선 소리와 맞닥뜨린 듯 짖는다
샅에 꼬랑지를 말아 넣고 짖는다
고개 치켜들고 맹렬히 짖는다
찬 밤공기를 흔들며 짖는다
온 동네가 들썩이게 짖는다
짖는 제 어미를 따라 새끼까지 짖는다
이 집 저 집 잇달아 연달아 어지러이 짖는다
그칠 새 없이 꼴 보기 싫게 짖는다
눈에 쌍불을 켜고 목청 돋워 짖는다
짖는 제 소리에 놀라 더 크게 짖는다
두 귀때기가 떨어지라 짖는다
기어코 까만 밤하늘이 뻥 뚫리고
그 사이로 우수수 쏟아지는 별빛
오던 잠 없고
세상엔 아무 일도 일어나지 않았다

해설

존재의 다양한 내적 원리와 풍경들

유인실(시인·문학평론가)

1.

김회권은 2002년《문학춘추》로 등단한 23년 차 시인이다. 그는 그동안 시집『숲길을 걷는 자는 알지』『동곡파출소』『우아한 도둑』『뜨거운 건 왜 눈물이 날까』를 펴낸 후, 이번에 다섯 번째 시집『사람의 풍경』을 상재한다. 물론 그는 산문집『뜨락에서 꽃잎을 줍다』『꽃처럼 웃다가 주름진 얼굴로 가라』를 출간한 수필가이기도 하다. 하지만 지난 23여 년 동안 그의 문학적 행보를 보면 시인으로서의 정체성을 한순간도 놓치지 않은 시인이라 할 수 있다. 이번 시집에 나오는 '시인의 말'에서도 언술하고 있는 바와 같이 그에게 시는 "더는 외면하거나 도망칠 수 없"는 "세상 어디를 가든" "그 모든 것에 속"하는 것으로 "신에 가까운" 대상이다. 또한 그는 "시인처럼 생각하고 걷고 마시고/아주 천천히 내 안의 나를 바라보는 것"을 존재의 가치로 여기며, "진실의 흑막이 철저히 가려진 꽃", "새롭게 번역해 나갈 암호와 부호", "쓰일 모 없이 사라진 분노", "종잇장처럼 가벼운 이 세상에 대해" "장시(長詩)로 당당히 참여하는"(「서시」) 것이 인생이라고 생각한다. 다시 말하면 그의 삶은 시와 떼려야 뗄 수 없는 불가분의 관계인 것이다.

이처럼 김회권은 시를 통해 삶에 대해 끊임없이 고백해 댄다. 삶의 다양한 감정에 휘말리기도 하고, 처연해지기도 한다. 분노를 터뜨리기도 하고 생명에 경외감을 표하기도 한다. 즉 그는 그러한 과정을 통해 자신의 감정을 잠재우기도 하고 마음속 깊은 곳의 심연을 열어 보이기도 하며, 삶의 근본적인 문제를 던진다. 그런 의미에서 그의 시 쓰기는 실존주의적이라고 말할 수도 있을 것이다.

문학에서 서정성은 여전히 진행 중이다. 서정시는 이전에도 그러했고, 오늘날에도 여전히 지속해서 읽히고 있으며, 미래에도 읽힐 수밖에 없다고 말한다. 그 이유는 '서정성'이 인간의 가장 보편적인 정서이기 때문이다. 아울러 서정성은 보편적이면서도, 개인마다 세계에 대한 의미와 해석이 다른 특별한 개별성을 지니는 복합적인 감성이기 때문에, 시인마다 동일한 대상에 대해 경험의 형상화 방식이 각기 다른 것도 그 이유의 하나로 작용한다. 즉 서정성은 어떠한 상황이나 상태 속에서 생성된 감정을 자기만의 스타일을 가지고 보편적인 미학으로 표현해 내는 시학의 중요한 원리 중 하나라고 할 수 있다.

김회권은 삶에 대한 체험과 내면의 태도를 시적으로 형상화하고, 세계를 끌어당겨 서정적으로 자기 주관화, 개성화를 미적으로 잘 융화시켜 내는 데 익숙하다. 그렇게 드러나는 서정성은 읽는 이의 마음을 움직이는 시적 전략으로 유용하다. 이번 시집 역시 존재의 다양한 내적 원리와 풍경들의 가치를 환기하는 서정성을 기반으로 하고 있다. 이러한 시적 태도는 삶의 풍경을 응시하는 관심과 삶의 의지를 한층 더 심화시킨다. 이번 시집 제목인 『사람의 풍경』도 그런 맥락에서 살펴볼 수 있다. 김회권의 시세계로 들어가 보자.

2.

김회권이 다섯 번째 출간하는 이번 시집 제목은 『사람의 풍경』이다. 인문학에서 '풍경'이라는 말은 풍부한 이론이 함축된 어휘이다. 일상에서 풍경이라는 단어는 주체의 시선에 포착되는 특별한 정경이나 상황을 뜻한다. 그러나 문학에서의 풍경은 단순한 자연의 장면이 아닌, 자아와 대상을 자각하고 그것을 넘어서는 인식의 개념이다. 즉 풍경은 단순히 자연의 장면을 지칭하는 실체가 아니라 대상과 주체가 분리된 자각의 순간에 경험되는 것이며, 그 경험은 그것을 바라보는 시선이 관조적 거리를 확보할 때 비로소 형성되는 것이다. 이번 시집의 표제작이기도 한 「사람의 풍경」을 읽어 보자.

> 사람의 얼굴에도 풍경이 있다
> 창밖의 들녘 같고, 한 폭의 그림 같은 풍경
> 오늘도 사내는 거리 한구석에 앉아
> 지나가다 들르는 사람들에게
> 사람의 풍경을 그려준다
>
> 햇살처럼 반짝였던 지난 아름다운 세월이며
> 꿈처럼 흘러가 버린 옛이야기
> 그 안에 숲속의 작은 새처럼 숨겨진
> 잔주름이며 옅은 웃음기
> 아무에게도 말 못 할 삶의 내력까지
>
> 사내는 한 손에 연필을
> 다른 한 손엔 지우개를 쥐고
> 가볍고 부드러운 터치로
> 수없이 바라보고, 그리고, 쳐다보고, 다듬는다
>
> 긴 세월이 조각조각 다듬고 빗어낸 얼굴
> 세세히 하나 놓침 없이

예리한 눈빛과 손놀림과 승화된 운치로

비릿하니 곰삭은 기억들은 깔끔히 지워버리고

쓰리고 아픈 시간은 여백으로 남기며

수없이 연필 선이 오르내려 담아낸

한 폭의 풍경,

드디어 사람 냄새 물씬 풍긴다

—「사람의 풍경」 전문

  인용 시는 사람의 풍경에 대한 단순한 묘사가 아니라 시적 주체와 대상(타자)과의 관계를 새롭게 인식하는 과정을 보여 준다. 가라타니 고진은 일찍이 인간과 자연, 주체와 객체가 분리되지 않은 상태에서는 '풍경'이 존재하지 않는다고 했다. 이것은 달리 말하면 세계(대상)와 자신을 '거리 두고 바라보는' 시선이 생길 때 비로소 '풍경'이 탄생한다는 의미이다. 즉 풍경의 발견은 나와 대상과의 거리가 만들어낸 자각, 즉 자아와 세계가 분리되어 있다는 인식 구조이다. 그러므로 풍경은 분리로 인해 소외감과 고독감을 전제할 뿐만 아니라 주체와 대상의 사이에 발견되는 새로운 자각을 수반하게 된다.

  위의 시에서 시적 주체는, 전반부에서는 관찰자가 되어 대상(사람의 얼굴)을 그리다가 후반부에 이르러서 타자의 얼굴에서 '풍경'을 발견하는 과정을 그리고 있다. 다시 말하면 도입부에서 그리는 사람의 얼굴은 "창밖의 들녘 같"은 하나의 익숙한 낯익음의 풍경일 뿐이지만, 그 낯익음이 낯섦으로 다가오면서 시선의 시공간적인 이동을 통해 새로운 풍경으로 생기면서 인간 내부로 그리는 것으로 이동한다. 즉 사람을 단순한 외형이 아닌, 시간과 기억이 쌓인 하나의 역사적 실존으로서의 풍경으로 자각하는 것이다. 그 풍경 속에는 "햇살처럼 반짝였던 지난 아름다운 세월"과 "꿈처럼 흘러가 버린 옛이야기", "옅은 웃음기"는 물론 "아무에게도 말 못 할 삶의 내력까지" 대상(타자)의 삶 속에 응축된 시간성과 내면의 흔적까지 담겨 있다. 시적 주체는 시선의 주체로 자리 잡으며 대상을 "수없이 바라보고, 그리고, 쳐다보고, 다듬"어가며 마침내 "긴 세월이 조각조각 다듬고 빗어낸 얼굴"을 하나도 놓치지 않고, 대상과의 거리(경계)를 지워간다. "비릿하니 곰삭은 기억들은 깔끔히 지워버리고/쓰리고 아픈 시간은 여백으로 남기며" 대상과 나의 거리를 지우며 단순한 관찰자에서 대상(타자)의 시간과 내면을 읽는 공감의 시선으로 회복해 가는 과정을 그리고 있다. 그것은 "한 폭의 풍경,//드디어 사람 냄새 물씬 풍"기는 삶의 긍정 미학으로 작동한다.

    항구는 온통 안개로 자욱했다
    사방이 형체 없이 사라졌다

한 치 앞을 볼 수 없는 바다

딱정벌레처럼 꼼지락거리는 파도 위로

유령처럼 떠다니는 어선 몇 척

한순간 봉변당한 듯

경계의 눈빛들로 가득하다

고양이 꼬리처럼 치켜선 등대

고약한 의심의 뒷맛을 흘리고

한쪽이 비워지면 다른 한쪽에서 채워지는

항구는 이미 안개의 창고다

희끗희끗 내보이는 적요한 침묵만이

마치 바흐의 무반주처럼 잔잔히 퍼져나간다

끝없이 이어지는 생성과 소멸

윤곽을 허물고 배경을 감춘다

닥치는 대로 물어 삼키는 게 짐승 같다

낮은 포복으로 뿌연 화약 연기처럼 스멀스멀 기어와

항구 전 지역을 점령한 회색빛

그리고 얼마 후

한바탕 어지럽고 사납게 휘감더니

그 뒤, 거짓말처럼 사라졌다

바다 깊은 곳

수면 아래로 은밀히 숨어들었다는

소문만 무성히 번져나갈 뿐,

까딱하면 안개 속으로 사라질 항구였다

—「안개」 전문

일반적으로 안개는 시야를 차단하고 경계를 지우는 메타포로 작동한다. 이 시 역시 '안개'는 단순한 기상 현상으로서의 자연을 의미하는 풍경이 아닌, 화자가 대상을 인식하는 자기 반영성의 은유로 읽힌다. 이 시의 첫 행인 "온통 안개로 자욱"한 항구는 시 전체적인 분위기를 지배하는 풍경의 핵심이라 할 수 있다. 화자는 안개가 어떻게 항구를 점령하고, 형체를 지우며, 공간의 질서를 바꾸는지를 관찰하면서 풍경과의 낯섦으로 소외를 체험한다. "딱정벌레처럼 꼼지락거리는 파도", "유령처럼 떠다니는 어선", "고양이 꼬리처럼 치켜선 등대" 등에서 느껴지는 풍경은 불안하고 불길하기까지 하다. 이러한 항구의 모습은 화자가 항구와 하나가 되지 못할 때, 대상과 거리 두고 바라보는 시선을 통해 '풍경'이 되는 상황이다. 이러한 분리는 화자가 풍경을 통해 자기 소외를 자각하는 의식을 고스란히 보여준다고 할 수 있다. "한순간 봉변당한 듯/경계의 눈빛들로 가득"한 등대나 "고약한 의심의 뒷맛을 흘리고", "적요한 침묵" 등과 같은 표현들은 자아가 세계로부터 멀어지며 느끼는 불안의 정서와 긴장을 드러낸다. 그러나 마침내 안개는 "마치 바흐의 무반주처럼 잔잔히 퍼져나"가고, 생성과 소멸이 끝없이 이어지는 인식에 이르면 전반부에서의 불안과

긴장 등의 소외 감각이 아름다움으로 전환된다. 즉 안개는 너와 나와 물리적 경계를 지워가고 "사방이 형체 없이 사라"지는가 하면, "거짓말처럼 사라"지기도 하는 것이다. 이때 '무반주'는 독립된 하나의 선율이 공허한 공간에 퍼지며, 화자와 세계 사이의 거리감을 이어주는 미학으로서의 풍경을 보여주는 미적 구조라 할 수 있다.

    참으로 기골이 장대하다

    공포와 살 떨림 다 흘려보내고
    한바탕 큰 웃음 삼키고
    수직의 빙벽,
    절대 고요로 투명하니 얼어붙은
    저 물의 뼈를 보아라

    한여름 내내
    천 길 벼랑으로 꼿꼿이 서서
    큰 산을 흔들어
    가없이, 끝도 없이, 쏟아냈을 물줄기였으리라
    골 깊게 처렁처렁 울렸으리라

    참으로 절묘한 것은

견디기 어려울 만큼의 가장 힘든 자세로
제 몸에 수천수백 얼음송곳 종유석처럼 매달고
낮은 바닥을 향해
제 살을 찌른다는 거

조금씩, 강렬히,
피 한 방울 흘림 없이

—「빙폭」 전문

　이 인용 시 역시 단순히 '빙폭'의 장엄함을 찬미하는 자연시를 넘어서, 주체와 세계(자연)의 관계가 분리되고, 다시 그것을 응시하며 자각하는 풍경의 구조를 탐구한 시로 읽힐 수 있다. 이 시는 첫 행부터 자연의 압도적 장면을 제시한다. "공포와 살 떨림 다 흘려보내고/한바탕 큰 웃음 삼키고/수직의 빙벽,/절대 고요로 투명하니 얼어붙은/저 물의 뼈를 보아라"에서 보여주는 바와 같이 화자는 자연 속에 몰입하는 존재가 아니라, 그 장면을 거리 두고 관찰하는 주체, 즉 '풍경을 바라보는 자'로 등장한다. 빙벽은 "절대 고요로 투명하니 얼어붙은" 상태로 묘사되며, 이는 생명력 대신 정지, 응고, 견고, 고독의 이미지로 채워진다. 빙폭의 기골은 장대하지만 그 장대함에는 공포와 살 떨림이 전제되어 있다. 그래서 화자는 그 자연의 장엄함에 맞서기 위해 감정을 억누르고, 스스로의 감각을 '거리

두는 행위'를 하고 있다.

 즉, 화자는 대상 속으로 들어가지 않고, 대상을 응시하고 견디는 태도를 취한다. 이것이 바로 대상과 자아의 분리된 관계에서 발생하는 미적 거리감이다. 그 결과, 시 속의 빙벽은 단순히 경이로운 자연이 아니라, 자아가 자신과 세계의 경계를 자각하게 하는 대상으로 기능한다. 이런 경우, 풍경이란 대상이 교체된 것이 아니라, 동일한 대상에 대한 화자의 시선이 만들어내는 시적 인식이라 할 수 있다. 이럴 때 대상을 바라보는 시선은 보이던 것을 보이지 않게 하고, 보이지 않던 것을 보이게도 한다.

 시간의 흐름을 멈춘 채 고체화된 세계, 즉 '절대 고요의 상태'를 보여주는 빙폭은 비록 "한여름 내내/천 길 벼랑으로 꼿꼿이 서서/큰 산을 흔들" 정도로 위용을 드러냈지만, 겨울엔 "낮은 바닥을 향해/제 살을 찌른다". 그 모습은 폭포의 장대함이 잠시 멈춘 듯하지만 그 이면에는 내적 에너지를 품고 있는 생명적 순환을 드러내는 시적 전략을 취하고 있다. 이것은 객관화된 자연의 '소외된 풍경' 속에서 느껴지는 역설적 생명성으로 읽힌다. 풍경은 차갑고 고요하지만, 그 안에는 여전히 '자아가 세계와 다시 연결되려는 욕망'이 흐른다. 그런 빙폭은 그 자체로 '나'의 고통, 고독, 자기 응시의 상태를 상징하는 시적 대상으로 더 이상 외부의 세계가 아니라, 자아의 내면이 투사된 '풍경화된 세계'로 보인다. 이로써 「빙폭」은 단순한 자연 묘사를 넘어, 자아가 세계와 단절된 인식의 순간에서, 다시 그것을 이해하려는 의식의 형상화로 완성된다. 자아와 세계의 분리, 그로 인한 응시와 소외, 그리고 내면화된 세계의 미학적 재인식을 그린 작품이다.

이런 점에서 보자면 결국 일상, 즉 모든 일상은 다만 발견되지 않은 풍경인 채로, 아직 풍경으로 드러나지 않은 채로 존재하는 잠재적인 풍경이라고 할 수 있다. 그렇다면 풍경을 발견한다는 것은 그 잠재적인 것을 현실적 실체로 바꾸어놓는 일로, 일상적 인식의 틀 바깥에서 생겨나는 경험의 특별함이라 할 수 있다. 이런 풍경은 가리타니 고진의 말을 빌리면 '내면적인 사람'에 의해 발견된다. 김회권 시인은 바로 그 '내적 인간'으로 그 앞에서는 모든 것이 풍경의 대상이 될 수 있고 그렇게 발견된 풍경은 그 자기 자신의 인식이라 할 수 있다. 말하자면 김회권은 철저하게 관조적인 인물로 삶의 단단한 표면을 뚫고 자기 삶의 한가운데로 진입하기 위해서는 철저하게 자기 자신의 고독 속으로 들어가는 것이다.

3.

김회권의 이번 시집에서 유난히 두드러지는 또 하나의 특징은 규칙적으로 반복되는 리듬 현상이다. 리듬이란 소리나 운동이 반복적으로 패턴화된 흐름을 말한다. 이번 시집에서는 율동적인 느낌을 자아내게 하는 운율이 온몸에서 터져 나오는 듯, 시의 곳곳에서 소리의 반복, 동일한 형태소, 낱말, 이미지, 어절 및 그 형식의 반복, 시행 구성의 시각적 효과 등 언어학적 구성 요소들이 함께 얽혀 '의미'를 생성해 내는 역동성을 엿볼 수 있다. 현대시의 탈리듬화 현상으로 운문과 산문의 이분법적 경계를 무너뜨려 시의 정체성에 대한 혼란이 가중되고 있는 오늘날, 김회권 시인이 추구하는 심장 박동 같은 리듬의 형식은 그의 시를 한층 시답게 하는, 근원적인 원리나 힘으로 기능한다.

    생일을 바로 앞둔 날이었다
    지하철 스크린도어를 수리하던 청년이 숨졌다
    열차와 스크린도어 사이에 끼어 숨졌다
    하청 직원으로 혼자 작업하다 숨졌다
    큰 꿈을 이루지 못한 채 숨졌다
    먹고살려고 일하다가 숨졌다
    죽도록 일만 하다가 숨졌다
    대책 없이 숨졌다
    비정규직이란 이름으로 숨졌다
    누군가 죽었던 그 자리에 숨졌다
    늘어나는 죽음들을 절망하며 숨졌다
    이다음엔 또 누가 죽을지,

그 두려움 속에 떨며 숨졌다

   그 사이,
   열차는 들어왔다가 다시 떠났다
   죽음의 일터였다
                              —「죽음의 일터」 전문

 이 시에서는 '숨졌다'의 시어가 11번이나 반복되어 나타난다. 각 행에서 반복되는 "숨졌다"는 3음절의 종결 리듬을 통해 죽음의 의미를 중첩시키고, 누적시킴으로써 그에 대한 사회적 구조의 고착화를 표현하고 있다. "숨졌다"가 반복되는 이 시를 소리 내어 읽어 보면 단절감과 불안감을 반복하는 게 마치 심장이 멎는 리듬, 죽음의 반복처럼 들리는 듯하다. 이러한 규칙적인 종결어미의 반복적 구성을 통하여 의미적으로도 '같은 유형의 죽음'이 계속 반복됨을 보여준다. 이는 '되풀이되는 사회적 비극'이라는 리듬적 의미를 지닌다. 그러다가 후반부에 이르면 "이다음엔 또 누가 죽을지,/그 두려움 속에 떨며 숨졌다"라는 다소 호흡이 느려지는 리듬을 통해 음의 반복 속에서 공포와 절망이 커지는 정서를 리듬으로 체현하는 효과를 보여준다.
 이 시의 2연에 이르면 "그 사이" 이후 리듬이 끊어지면서 객관적 시점으로 전환한다. "죽음의 일터"를 통해 비정규직 노동자들의 죽음이 끊임없이 되풀이되는 사회 구조를 단호하고 차가운 종결감으로 고발하고 있다. 이 시에서의 리듬은 단순히 소리의 반복이 아니라, 사회적 리듬의 은유로 작동하여 사회 비판적 메시지의 매개로 기능하고 있다.

> 일순간 사내는 손목을 놓쳐버렸다
> 제조공장의 벨트가 딸꾹 삼켜버린 거다
> 이마에 흐른 땀을 닦아냈던 손이다
> 동료의 시린 가슴을 안아주었던 손이다
> 기쁠 때 손뼉 치고
> 슬플 때 눈물 훔친 손이다
> 사랑하는 이와 미래를 약속하며
> 두 손 모아 간절히 기도했던 손이다
> 추운 날엔 따스히 입김 불어 넣고
> 불의엔 불끈 주먹 쥐었던 손이다
> 그런 귀하고 엄한 손이 사라졌다
> 사내는 모형의 손을 끼고 다닌다
> 어찌 보아도 내 몸 같지 않은 손
> 주머니에 찔러 넣기가 힘든 손
> 진짜보다 더 진짜 같은 손
> 온기도 감각도 없는 손
> 딱딱하니 굳은 손

참 애련한 손

외로운 손

제2의 손

짝퉁 손

헛손

　　　　　　　　　　　—「사라진 손」전문

위의 시는 현대 산업사회 속 인간의 상처를 다루면서, "~손"이라는 구절의 독특한 반복적 배치를 통해 시각적으로 리듬화하고 있다. 리듬과 운율을 통해 신체 상실의 비극과 존재의 분열감을 강렬하게 드러내는 이 시는 '내 몸 같지 않은, 주머니에 찔러 넣기가 힘든, 진짜보다 더 진짜 같은, 온기도 감각도 없는, 딱딱하니 굳은, 참 애련한, 외로운' 등의 형용사적 어절과 '손'이라는 명사가 이루는 언어적 구조로 일정한 움직임과 지향성을 형성한다. 특히 중반부 이후 음절 수를 줄여가는 시행은 한 행이 끝날 때마다 손이 사라지는 듯한 아픔과 고통이 시각적으로 지각되는 효과를 준다.

전반부에서 "손이다"는 살아 있는 손의 따뜻한 생명감을 지닌 손이다. 그에 비해 후반부에서 "손"은 단절적 리듬을 통해 '인공 손, 감각의 상실, 인간성의 훼손'을 드러내고 있다. 1행에서 10행까지는 "손이다"라는 단어를 반복하여 '사라진' 손에 대한 기억과 회상을 보여준다. 11행에서 14행에서는 '모형의 손'을 통해 현실과의 괴리감을 표현하다가, 15행 이후에는 "딱딱하니 굳은 손/애련한 손/외로운 손/제2의 손/짝퉁 손/헛손" 등과 같이 짧은 시어를 나열하여 리듬이 급격히 짧아지고 단절적 호흡을 나타내는 효과를 보여준다. '손'의 반복과 문장 길이의 조절로 내재율을 형성하는 방식을 통해 신체 상실의 공포, 인간성 훼손, 산업사회의 비극적 리듬감을 구현하고 있는 시라 할 수 있다.

> 햇볕이 쨍쨍 내리쬐는 오후
> 짐 자전거가 술통을 싣고 논둑길로 달린다
> 가쁜 숨 몰아쉬며 달린다
> 바짓가랑이에 흙먼지가 올라타게 달린다
> 궁둥이를 삐뚤빼뚤 들썩이며 달린다
> 페달 밟은 발바닥이 불나게 달린다
> 구르는 장딴지가 아파 터지도록 달린다
> 흙바닥에 긴 그림자를 질질 끌며 달린다
> 맞바람 속을 뚫고 달린다
> 바큇살에 휘감긴 햇살이 찢어지게 달린다
> 달리고 달려 쇠똥을 피하고
> 자갈돌을 피하고
> 풀꽃을 피하고
> 웅덩이를 피하고

베짱이와 여치를 피하고

냉이와 달래를 피하고

그러다 그만 솟은 돌부리에 치여

엉덩이가 들썩이고

술통이 튀고

술이 콸콸 넘치고

술 내음이 확 퍼지자

지나는 황소가 코를 벌룽대고

풀 뜯던 염소가 입을 쩝쩝거리고

논두렁의 긴 뱀이 혀를 늘름거리고

두꺼비가 넙적거리며 입맛 다시는

기막히게 술 당기는 날이다

―「술 당기는 날」 전문

위의 인용 시는 움직임과 호흡, 리듬의 흐름, 운율의 변화를 통해 '노동'과 '생명력'이 맞물려 역동적인 장면을 소리와 박자로 구현한다. 이 시의 전체적인 느낌은 생동감이다. '달린다'라는 동사의 반복이 창출하는 리듬과 의미의 상호작용이 절묘하게 조화를 이루어 인간 노동의 박자와 자연의 생명 리듬이 하나 되는 순간을 운율적으로 형상화한다. "가쁜 숨 몰아쉬며 달린다/바짓가랑이에 흙먼지가 올라타게 달린다/궁둥이를 삐뚤빼뚤 들썩이며 달린다"와 같은 구절들의 리듬을 읽는 순간, 독자의 호흡도 같이 빨라진다. 각 행은 거의 같은 문장 길이와 어미로 마무리되며, 그 반복이 운동의 지속성, 리듬의 탄력감을 만들어낸다. 즉, '달린다'의 반복은 단순한 서술이 아니라 움직임의 리듬 자체를 시의 구조로 만든 장치이다. 이번에는 작품을 살펴보자.

시의 중반까지 리듬은 지속된다. '달린다'가 9회 넘게 반복되며, 각 문장의 동작어들이 점점 강도와 속도를 높이는 방향으로 배열된다. '가쁜 숨 몰아쉬며 달린다 → 페달 밟은 발바닥이 불나게 달린다 → 바큇살에 휘감긴 햇살이 찢어지게 달린다'에서 알 수 있듯이 느린 리듬감에서 시작하여 점차 강하고 빠른 리듬, 그리고 최고조에 이르는 리듬감으로 진행되면서 각 시행의 동작어들이 점점 강도와 속도를 높이는 방향으로 배열된다.

"달리고 달려 쇠똥을 피하고/자갈돌을 피하고/풀꽃을 피하고" 부분에 이르면 리듬은 짧고 끊어지는 형태로 변한다. '피하고/피하고/피하고'의 반복은 자전거가 장애물을 요리조리 피하는 리듬을 시각적으로 재현하는 것으로 독자들은 읽는 호흡이 짧아지고, 페달을 빠르게 밟는 경쾌한 리듬감이 느껴진다. 시의 초반에 9회 이상 반복되는 "달린다" 중반부에서 6회 이상 반복되는 "피하고"는 속도감, 운동감, 리듬감의 효과를 드러낸다. 특히 후반부의 "술 내음이 확 퍼지자" 이후는 긴장이 풀리고 완화되는 유머러스한 상황을 보여준다. "벌룽대고", "쩝쩝거리고", "늘름거리고"와 같은 의성어 의태어 사용으로 청각적 운율에 의한 생명력을 강조하고 있다.

이 시의 리듬은 '노동'과 '자연의 조화'를 상징한다. '달린다'의 리듬은 인간 노동의 박자로 그 속에는 자연과의 공생 리듬이 숨어 있다. 자전거가 달리는 동안 등장하는 자연물들(흙, 햇살, 풀꽃, 황소, 염소, 뱀, 두꺼비)은 같은 리듬 안에서 살아 움직이는 존재들이다. 결국 이 시의 리듬은 '노동의 피로'가 아니라 '노동의 생명력, 땀의 리듬'으로 기능한다. 마지막 구절 "기막히게 술 당기는 날이다"는 리듬의 긴장이 완전히 풀리며, 노동의 끝에 오는 해방감을 웃음과 여유의 박자로 마무리한다.

이 외에도 「기막힌 대화」 「옆집 개」 「웃음」 「상실의 밤」 등에서도 시의 언어를 질료로 삼아 음절과 어절의 균형을 맞추고 시를 전체적으로 조율하는 특정 리듬 패턴을 선택하여 의미의 변주를 이어가면서 더 폭넓은 의미의 심화, 확장을 유도한 것들을 접할 수 있다.

4.

오늘날 현대 문학을 언급하며 보르헤스의 이름을 빼놓을 수 없다. 호르헤 루이스 보르헤스의 '알레프'는 모든 각도에서 본 지구의 모든 지점에 포괄하는 작은 구슬 형태의 공간이다. 이러한 알레프를 발견하는 자에게는 시를 쓸 수 있는 특권이 주어지는데 이때 알레프는 '시인에게서 결코 빼앗아 갈 수 없고, 양도될 수도 없는 시인만의 시선을 의미'한다. 손바닥만 한 우주로 존재하는 알레프는 딜레마와 모순을 그대로 품고 있는 심연이기에 시로만 쓰일 수 있다는 것이다. 자신의 생과 이 세계 전부를 언어 구조물로 담아내려는 일은 모든 시인의 궁극일 것이다. 김회권은 생애를 걸쳐 바로 그런 시의 궁극에 도달하고자 하는 시인이다. 그의 시는 삶의 내면에서 직접적으로 탄생한다. 그런 만큼 그의 시는 서정적 주체들이 부조리한 현실적 상황에 좌절하지 않고 오히려 자기 인식을 통해 개인적 차원을 뛰어넘고자 한다.

김회권 시인의 다섯 번째 시집 『사람의 풍경』에서는 그러한 내적 경험과 성찰에서 풍경과 시선의 관점으로 주체들을 생성해 내는 시편들과, 반복과 병렬로 의미의 심화 확장을 유도하는 시편들 그리고 생명, 사랑, 그리움의 시편들을 통해 삶을 표상하는 리듬이 시선을 끈다. 한편엔 시의 미학을, 한편엔 시의 깊이를 포획하고자 하는 그의 끊임없는 무형의 집 짓기는 우리 시대의 서정시의 지평을 예시한다. 이후에 또 어떤 무형의 건축물로 나올지 기대되는 것도 그러한 이유에서다. 그래서 김회권 시인의 시를 읽는 일은 항상 즐겁다.

문학의전당 시인선 401

사람의 풍경

ⓒ 김회권

```
초판 1쇄 인쇄   2025년 11월 14일
초판 1쇄 발행   2025년 11월 21일
       지은이   김회권
       펴낸이   고영
       디자인   헤이존
       펴낸곳   문학의전당
     출판등록   제448-251002012000043호
         주소   충북 단양군 적성면 도곡파랑로 178
         전화   043-421-1977
     전자우편   sbpoem@naver.com

         ISBN  979-11-5896-722-2  03810
```

*이 책의 판권은 지은이와 문학의전당에 있습니다.
*양측의 서면 동의 없는 무단 전재 및 복제를 금합니다.
*잘못 만들어진 책은 바꿔드립니다.
*이 시집은 광주광역시·광주문화재단의 지역문화예술육성지원 사업으로 지원받아 발간되었습니다.

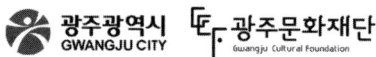